Mon livre ORACLE

GRIMOIRE DE DIVINATION POUR RÉPONDRE À TOUTES MES QUESTIONS

Dépôt légal: octobre 2023
ISBN: 9782382401781
N° d'édition: SR01781 (23L0489)
www.secretdetoiles.com

Noémie Myara

Mon livre ORACLE

Grimoire de divination pour répondre à toutes mes questions

Secret d'étoiles

INTRODUCTION

L'usage de la bibliomancie remonte à l'Antiquité. À l'époque, il s'agissait de poser une question puis de choisir au hasard un passage d'un poème d'Homère ou de Virgile et de l'interpréter comme réponse. Aujourd'hui, la bibliomancie est une pratique divinatoire consistant à ouvrir un livre à l'aveuglette et à en extraire un passage ou un mot afin de répondre à une question ou pour obtenir une prédiction, un message, une aide.

Ce procédé est aussi utilisé dans le cadre de pratiques médiumniques afin d'obtenir un échange ou des réponses de la part de nos guides, d'esprits ou de défunts, par exemple.

Le seul outil nécessaire à cette pratique est un livre. Il peut être de votre choix. Il suffira alors de l'ouvrir au hasard et de pointer du doigt le mot, le paragraphe ou le passage qui sera alors la réponse à la question ou le message attendu. Il est aussi possible de pratiquer, comme ici, avec un livre oracle créé spécialement à cet effet. Il vous permettra à la fois d'obtenir un message ou des réponses sur plusieurs plans (le message des guides sur le plan astral, le soutien de l'archétype sur le plan énergétique et le conseil de l'allié sur le plan vibratoire), mais aussi un conseil face à une situation dans laquelle vous vous trouvez, l'attitude à adopter pour résoudre un conflit, dépasser un obstacle, prendre une décision, faire un choix difficile, obtenir de nouvelles idées ou pistes de réflexion pour un travail spirituel...

Chaque jour, chaque semaine ou chaque mois, choisissez au hasard une page qui vous délivrera:

- un message général de mes guides canalisé pour vous;
- la transmission d'une sagesse incarnée par un animal;
- un soutien énergétique apporté par un archétype divin;
- un conseil transmis par une créature mystique qui se présentera comme un allié. Si certaines créatures appartiennent à des légendes effrayantes, elles n'apportent cependant rien de négatif. Elles transmettent simplement un message, un conseil ou la force qu'elles peuvent apporter lorsque vous en aurez besoin.
- quelques mots-clés en lien avec la symbolique du nombre du message en question.

Dans tous les cas, utilisez toujours votre intuition pour affiner vos ressentis et interprétations.

COMMENT UTILISER CE LIVRE ORACLE?

Voyez les informations suivantes comme des conseils pour pratiquer cet art divinatoire et non pas comme des protocoles absolus. Adaptez-les à vos habitudes, à vos ressentis et vos croyances pour que vos séances divinatoires se passent de façon optimale pour vous.

Comme pour toute pratique spirituelle ou divinatoire, je vous conseille d'être dans un état de détente, avec l'objectif de prendre un moment pour vous, dans un espace où vous vous sentez à l'aise et dans un état émotionnel assez stable pour ne pas altérer les interprétations. Assurez-vous de votre ancrage: être connecté à notre corps et à notre moi profond permet en général d'assurer une certaine justesse dans nos ressentis et d'être dans la clairvoyance de ce que nous exprime notre intuition. Vous pouvez aussi, si vous le souhaitez, créer une ambiance mystique propice à la divination à l'aide d'encens et de bougies, par exemple, ou autre, selon vos habitudes.

Ensuite, fermez les yeux, respirez calmement et posez votre question. Il n'est pas obligatoire d'en poser une si vous souhaitez simplement avoir un message général. Prenez ensuite ce livre et glissez-y un doigt pour sélectionner une page en faisant confiance à votre intuition. Il est possible d'utiliser non pas votre doigt (même si c'est ma préférence personnelle), mais d'autres éléments tels qu'un athamé (couteau à usage magique), une aiguille, une carte de tarot ou d'oracle, ou simplement vos yeux.

Enfin, ouvrez les yeux et prenez le temps de lire les messages, conseils ou réponses. Les rubriques de chaque page permettent une lecture multiple. Soit vous choisissez de tenir compte de la page entière, soit vous vous attardez uniquement sur le message de votre choix. Sachez que la réponse à la question n'est pas forcément directe et que la bibliomancie vous montre le plus souvent comment l'obtenir.

EN BONUS

Si vous possédez un pendule et que vous souhaitez obtenir davantage de précisions (une réponse claire par « oui » ou « non », par exemple), vous trouverez à la fin du livre d'autres éléments pouvant vous aider: une planche simple de radiesthésie pour les réponses à des questions directes, une autre vous permettant de sélectionner un minéral avec lequel travailler ou qui, par son énergie et ses vertus, sera un bon compagnon dans la période que vous traversez. Je vous propose également une planche vous permettant de travailler sur une couleur et son chakra correspondant afin d'avoir une réponse sur le plan énergétique. Vous pourrez demander par exemple sur quel type d'énergie travailler, quel chakra a besoin d'être harmonisé ou équilibré... Vous trouverez enfin une échelle de Bovis qui vous permettra notamment de mesurer votre taux vibratoire grâce à votre pendule.

Belle découverte de la bibliomancie à vous! J'espère que ce livre oracle vous aidera à trouver le chemin des réponses que vous attendez...

Noémie

MESSAGE SECRET

Pour une réponse immédiate à votre question, mettez-vous face à un miroir.

MESSAGES DIVINATOIRES

1

Le message de mes guides

Dans les moments difficiles, rappelle-toi que tes douleurs seront tes futures forces.

La sagesse de l'animal

La grenouille: plonger dans les eaux profondes des émotions peut sembler effrayant; pourtant, cette posture résout des mystères et guérit des blessures.

Le soutien de l'archétype divin

Héket: cette déesse égyptienne à la tête de grenouille vous entoure d'une énergie de fertilité et de fécondité pour accompagner vos projets ou objectifs.

L'allié et son conseil

Les ondines: ces génies des eaux viennent vous rappeler qu'accepter ses émotions et les exprimer n'est pas un signe de vulnérabilité, mais de maturité.

Les mots-clés de la numérologie

Le nombre 1: initiative, décision, commencement, capacité à diriger, dynamisme, audace.

FAVORABLE

2

LE MESSAGE DE MES GUIDES

Ce qui est beau avec le chagrin, c'est qu'il nous rappelle le plus souvent que des moments incroyables et merveilleux ont été vécus.

LA SAGESSE DE L'ANIMAL

Le papillon: je change mon état d'être pour opérer les transformations souhaitées.

LE SOUTIEN DE L'ARCHÉTYPE DIVIN

Angerona: cette déesse romaine guérit les douleurs et accompagne les passages difficiles. Elle aide à se frayer un chemin de lumière entre la tristesse et les ténèbres.

L'ALLIÉ ET SON CONSEIL

Les sidhes: ces êtres surnaturels de la mythologie celtique nous rappellent que les apparences peuvent être trompeuses. Fiez-vous avant tout à vous-même.

LES MOTS-CLÉS DE LA NUMÉROLOGIE

Le nombre 2: dualité, confrontation, échange, capacité à unir, réconciliation.

PAS FAVORABLE

3

LE MESSAGE DE MES GUIDES

Toi seul choisis comment vivre les choses et comment réagir face à ce que tu ne peux pas contrôler.

LA SAGESSE DE L'ANIMAL

Le faucon: j'utilise ma clairvoyance et mon intuition; j'observe et regarde les choses sous un autre angle.

LE SOUTIEN DE L'ARCHÉTYPE DIVIN

Freya: la déesse du panthéon nordique soutient votre pouvoir magnétique, votre confiance en vous, votre amour de vous-même et votre sexualité.

L'ALLIÉ ET SON CONSEIL

L'hippogriffe: il vous invite à faire preuve de volonté et à avancer plus rapidement ou bien à être prêt à avancer et à vous dépasser.

LES MOTS-CLÉS DE LA NUMÉROLOGIE

Le nombre 3: équilibre, expression, esprit libre penseur, contact, création.

PAS FAVORABLE

4

LE MESSAGE DE MES GUIDES

C'est le moment de te réveiller, de révéler ta force et ton feu intérieur.

LA SAGESSE DE L'ANIMAL

Le cobra: j'abrite en moi une puissance solaire et je l'utilise pleinement.

LE SOUTIEN DE L'ARCHÉTYPE DIVIN

Amon: dieu primordial de la mythologie égyptienne, il vous encourage à croire en vous et à avoir confiance en vos capacités pour rayonner.

L'ALLIÉ ET SON CONSEIL

Le sphinx: à son image (mi-homme, mi-lion), il vous invite à trouver l'équilibre entre la force et la férocité d'une part, et l'intelligence, la prudence et la réflexion, d'autre part.

LES MOTS-CLÉS DE LA NUMÉROLOGIE

Le nombre 4: réalisation, fondations, ancrage, ordre, discipline, rigueur.

5

LE MESSAGE DE MES GUIDES

Accorde-toi du repos pour recharger tes énergies intérieures et t'ancrer.

LA SAGESSE DE L'ANIMAL

Le cygne: j'agis avec pureté, loyauté et sincérité.

LE SOUTIEN DE L'ARCHÉTYPE DIVIN

Apollon: ce dieu grec soutient l'expression et l'art sous toutes ses formes et vous invite à explorer vos potentiels dans les domaines artistiques.

L'ALLIÉ ET SON CONSEIL

Les muses: elles encouragent la grâce, le charme et vous conseillent d'utiliser la médiation et la conciliation pour débloquer un éventuel problème.

LES MOTS-CLÉS DE LA NUMÉROLOGIE

Le nombre 5: indépendance, souffle de vie, mobilité, découverte, liberté.

PAS FAVORABLE

6

LE MESSAGE DE MES GUIDES

Un autre chemin qu'il est possible d'emprunter s'offre à toi.

LA SAGESSE DE L'ANIMAL

La chauve-souris: je transforme l'esprit, le mental et l'ego vers l'âme, le cœur et l'humilité. Je fais le lien entre eux.

LE SOUTIEN DE L'ARCHÉTYPE DIVIN

Morphée: ce dieu du monde onirique veille sur vos nuits et vous apporte des rêves qu'il vous encourage à réaliser.

L'ALLIÉ ET SON CONSEIL

Le ganipote: cette créature surnaturelle qui prend la forme d'un loup-garou et appartient à la mythologie populaire de l'ouest de la France vous conseille de ne pas laisser trop de place et d'importance à ce qui vous hante ou à ce que vous ne pouvez contrôler.

LES MOTS-CLÉS DE LA NUMÉROLOGIE

Le nombre 6: équilibre, sensibilité, pardon, acceptation, fécondité.

FAVORABLE

7

LE MESSAGE DE MES GUIDES

On a besoin de toi et tu as besoin des autres.

LA SAGESSE DE L'ANIMAL

L'abeille: je trouve une forme de sérénité et de fierté dans le travail bien fait et dans l'organisation.

LE SOUTIEN DE L'ARCHÉTYPE DIVIN

Brigid: cette déesse de la mythologie celtique vous apporte son soutien à travers son énergie protectrice et magique. Elle approuve vos prises de décision.

L'ALLIÉ ET SON CONSEIL

Les méliades: ces nymphes terrestres de la mythologie grecque vous encouragent dans des activités créatives et productives liées à la nature.

LES MOTS-CLÉS DE LA NUMÉROLOGIE

Le nombre 7: sagesse, vie personnelle, intériorité, spiritualité, capacité.

FAVORABLE

8

Le message de mes guides

Souviens-toi qu'il n'existe rien de constant ni de permanent. Les pensées, les émotions, les gens, les situations... tout est temporaire.

La sagesse de l'animal

Le paon: par des actes accomplis en conscience, je peux laisser une trace énergétique immortelle.

Le soutien de l'archétype divin

Chronos: ce dieu grec qui personnifie le temps vous apportera son aide et son soutien pour la gestion de celui-ci et de vos priorités.

L'allié et son conseil

La selkie: elle vient vous rappeler que chaque chose arrive en son temps et qu'il y a un temps pour chaque chose. C'est ce qui rend le temps précieux.

Les mots-clés de la numérologie

Le nombre 8: infini, justice, expansion, force d'accomplissement.

PAS FAVORABLE

9

Le message de mes guides

Prends un peu de hauteur pour avoir un autre regard sur ce qui se présente.

La sagesse de l'animal

La libellule: je trouve la sagesse et la lumière dans le changement.

Le soutien de l'archétype divin

Mimir: ce dieu de la mythologie nordique soutient le développement de la sagesse et l'encourage dans vos prises de décision. Il apporte aussi son aide dans tout travail autour de l'inconscient.

L'allié et son conseil

La fée: elle vous rappelle qu'être à l'écoute de vous-même permet d'être mieux à l'écoute des autres.

Les mots-clés de la numérologie

Le nombre 9: élévation, accomplissement, intégrité, transmission, gestation.

10

LE MESSAGE DE MES GUIDES

Faire preuve d'audace pourra te porter chance.

LA SAGESSE DE L'ANIMAL

L'aigle: j'utilise ma vision pour m'élever avec sagesse au-dessus des problèmes, les observer objectivement et les résoudre avec détermination.

LE SOUTIEN DE L'ARCHÉTYPE DIVIN

Horus: le dieu égyptien à la tête de faucon vous apporte l'aide nécessaire pour vous défendre et surmonter les difficultés. Il vous rappelle que vous êtes capable de tout.

L'ALLIÉ ET SON CONSEIL

Garuda: l'aigle géant de la mythologie indienne soutient les nobles causes et les combats difficiles.

LES MOTS-CLÉS DE LA NUMÉROLOGIE

Le nombre 10: optimisme, intégrité, autodétermination, exploration, cycle.

FAVORABLE

11

LE MESSAGE DE MES GUIDES

Prends le temps d'analyser les choses afin de trouver le bon moment pour agir.

LA SAGESSE DE L'ANIMAL

Le chat: j'utilise mes capacités à faire preuve d'instinct, d'intelligence et d'indépendance.

LE SOUTIEN DE L'ARCHÉTYPE DIVIN

Bastet: la déesse égyptienne à la tête de chat vous apporte l'harmonie et une forte protection de votre foyer.

L'ALLIÉ ET SON CONSEIL

Le bakeneko: ce monstre-chat fantôme des légendes japonaises vous rappelle que l'ordre naît souvent du chaos et qu'il ne faut pas être trop effrayé par celui-ci car il peut être salvateur.

LES MOTS-CLÉS DE LA NUMÉROLOGIE

Le nombre 11: force intérieure, hors du commun, inspiration, révélation.

FAVORABLE

12

LE MESSAGE DE MES GUIDES

Les choses ont l'importance qu'on leur accorde, ne l'oublie pas.

LA SAGESSE DE L'ANIMAL

L'ours: j'incarne une force instinctive et primitive qui ne m'empêche pas pour autant d'avoir la capacité de maîtriser mes énergies personnelles.

LE SOUTIEN DE L'ARCHÉTYPE DIVIN

Artémis: cette déesse puissante vient vous aider à apprivoiser votre nature sauvage, celle qui ne peut être dominée, mais qu'il est possible de maîtriser.

L'ALLIÉ ET SON CONSEIL

Le berserker: ce guerrier fauve viking inarrêtable vous conseille de faire preuve de férocité et de combativité dans certaines circonstances.

LES MOTS-CLÉS DE LA NUMÉROLOGIE

Le nombre 12: autodétermination, automotivation, autosuffisance, coopération.

PAS FAVORABLE

13

LE MESSAGE DE MES GUIDES

Laisser place aux énergies nouvelles encouragera ta progression.

LA SAGESSE DE L'ANIMAL

Le scarabée: j'ai une force intérieure impressionnante que peu soupçonnent et je suis gardien de ce qui est sacré.

LE SOUTIEN DE L'ARCHÉTYPE DIVIN

Khépri: ce dieu égyptien à l'apparence d'un homme-scarabée est associé au soleil. Il vous apporte son énergie de soutien et de protection pour toute forme de renaissance.

L'ALLIÉ ET SON CONSEIL

Le phénix: cet oiseau chimérique abrite en lui la force éternelle et vous apporte sa capacité à renaître de vos cendres.

LES MOTS-CLÉS DE LA NUMÉROLOGIE

Le nombre 13: renouveau, mort, achèvement, accomplissement, renaissance.

PAS FAVORABLE

14

LE MESSAGE DE MES GUIDES

Pour progresser sur ton chemin, prends le temps d'intégrer les expériences nouvellement acquises.

LA SAGESSE DE L'ANIMAL

L'écureuil: j'abandonne les charges inutiles et tout ce que j'ai accumulé du passé qui encombre ma vie présente.

LE SOUTIEN DE L'ARCHÉTYPE DIVIN

Lakshmi: la déesse hindoue qui incarne la prospérité vous apporte la bonne fortune.

L'ALLIÉ ET SON CONSEIL

Ratatosk: l'écureuil des mythes scandinaves qui vit dans Yggdrasil (l'arbre-monde de la mythologie nordique) vous conseille d'être attentif et de ne pas confondre le message et le messager.

LES MOTS-CLÉS DE LA NUMÉROLOGIE

Le nombre 14: adaptation, inconnu, initiative personnelle.

PEU FAVORABLE

15

LE MESSAGE DE MES GUIDES

Rien n'est impossible, alors abats tes propres barrières et abandonne celles qui appartiennent aux autres.

LA SAGESSE DE L'ANIMAL

Le tigre: je trouve mon équilibre entre force et férocité, passion et sensualité.

LE SOUTIEN DE L'ARCHÉTYPE DIVIN

Lilith: déesse considérée parfois comme démon, elle vous apporte ici son aide pour vous libérer de ce qui vous emprisonne ou de ce que vous n'arrivez pas à exprimer.

L'ALLIÉ ET SON CONSEIL

Le lycanthrope ou loup-garou: vous pouvez confier votre colère et vos peurs à cette créature terrifiante pour vous en libérer.

LES MOTS-CLÉS DE LA NUMÉROLOGIE

Le nombre 15: choix de vie, magnétisme, démesure, lâcher-prise.

PEU FAVORABLE

16

LE MESSAGE DE MES GUIDES

Prends le temps de choisir tes alliés.

LA SAGESSE DE L'ANIMAL

Le lézard: j'incarne l'évolution de la vie, j'accepte que mon évolution se fasse à son rythme, sans la presser. Les choses viennent quand je suis prêt.

LE SOUTIEN DE L'ARCHÉTYPE DIVIN

Janus: le dieu romain aux deux visages, l'un tourné vers le passé et l'autre vers le futur, vous apporte des clés pour accéder de nouveau à des choses du passé qui permettront de résoudre des situations à venir.

L'ALLIÉ ET SON CONSEIL

L'ouroboros: ce serpent-dragon qui se mord la queue, dont on retrouve la trace dans de nombreuses mythologies, vous conseille de garder à l'esprit que tout est cycle et tout est mouvement.

LES MOTS-CLÉS DE LA NUMÉROLOGIE

Le nombre 16: volonté, franc-parler, recherche, étude, influences extérieures, karma.

FAVORABLE

17

LE MESSAGE DE MES GUIDES

Reviens à toi-même pour te renforcer, te reconstruire et t'aimer.

LA SAGESSE DE L'ANIMAL

Le scorpion: j'ai la patience d'attendre le moment opportun et le courage pour passer à l'acte.

LE SOUTIEN DE L'ARCHÉTYPE DIVIN

Hadès: le dieu des enfers soutient votre travail d'introspection en vous aidant à plonger dans vos profondeurs et vos ténèbres.

L'ALLIÉ ET SON CONSEIL

Cerbère: le chien polycéphale gardant l'entrée des enfers vous rappelle qu'il y a des choses auxquelles on ne peut échapper et qu'il faut s'y confronter.

LES MOTS-CLÉS DE LA NUMÉROLOGIE

Le nombre 17: responsabilité, autodiscipline, conscience.

PEU FAVORABLE

18

LE MESSAGE DE MES GUIDES

Sers-toi de ce que tu as appris. Tu as les réponses.

LA SAGESSE DE L'ANIMAL

La coccinelle: je cultive ma propre chance et mon propre bonheur.

LE SOUTIEN DE L'ARCHÉTYPE DIVIN

Gaïa: déesse de la mythologie grecque, la Terre-mère vous apporte son aide pour donner vie ou fertiliser vos projets et désirs.

L'ALLIÉ ET SON CONSEIL

La licorne: elle accompagne avec douceur tout processus de guérison et de rétablissement.

LES MOTS-CLÉS DE LA NUMÉROLOGIE

Le nombre 18: chance, cadeau, don, durabilité.

FAVORABLE

19

LE MESSAGE DE MES GUIDES

Faites une pause sans culpabiliser: un temps d'incubation est nécessaire pour tirer la sagesse de certaines expériences ou situations.

LA SAGESSE DE L'ANIMAL

Le hérisson: la prudence est une qualité qui me permet d'élaborer et de concrétiser mes projets sereinement.

LE SOUTIEN DE L'ARCHÉTYPE DIVIN

Thémis: la déesse grecque vous apporte droiture et soutien pour remettre de l'ordre dans vos pensées, votre vie, vos habitudes.

L'ALLIÉ ET SON CONSEIL

La chimère: elle nous apprend que chacun porte l'ambivalence du bien et du mal en soi et décide qui, du vice ou de la vertu, il laissera gagner.

LES MOTS-CLÉS DE LA NUMÉROLOGIE

Le nombre 19: achèvement, finitude, nouvelle tâche.

PEU FAVORABLE

20

LE MESSAGE DE MES GUIDES

N'oublie pas l'impact de tes paroles et tes actions sur autrui.

LA SAGESSE DE L'ANIMAL

La pie: je n'ai pas peur que les mots manquent, car il y a toujours un moyen d'exprimer les pensées et les émotions.

LE SOUTIEN DE L'ARCHÉTYPE DIVIN

Psyché: la déesse de l'âme dans la mythologie gréco-romaine vous aide à vous voir, vous regarder tel que vous êtes et à vous accepter.

L'ALLIÉ ET SON CONSEIL

L'hydre: ce serpent ou dragon à plusieurs têtes vous rappelle que tout manque ou séparation peuvent être surmontés, même si le chemin semble long et difficile.

LES MOTS-CLÉS DE LA NUMÉROLOGIE

Le nombre 20: changement, amélioration, transformation.

FAVORABLE

21

LE MESSAGE DE MES GUIDES

Pour prendre des décisions, descends dans ton cœur et écoute. Décide toujours avec ton âme et ta conscience, elles sont tes meilleures guides.

LA SAGESSE DE L'ANIMAL

L'éléphant: il réside beaucoup de force et de puissance dans la douceur et dans l'empathie.

LE SOUTIEN DE L'ARCHÉTYPE DIVIN

Ganesh: le dieu primordial du panthéon hindou vous invite à faire appel à votre savoir, vos connaissances et votre sagesse pour surmonter le prochain obstacle qui se présentera.

L'ALLIÉ ET SON CONSEIL

Les lutins: ces membres du petit peuple vous rappellent que faire preuve de sagesse ne veut pas dire faire preuve de gravité. Conserver une certaine légèreté n'empêchera pas d'aller en profondeur.

LES MOTS-CLÉS DE LA NUMÉROLOGIE

Le nombre 21: protection, réussite, inspiration, transformation.

FAVORABLE

22

LE MESSAGE DE MES GUIDES

Tu es un être lumineux, alors
n'aie pas peur de briller.

LA SAGESSE DE L'ANIMAL

Le cerf : je privilégie la noblesse et la bravoure dans mes démarches vers le succès.

LE SOUTIEN DE L'ARCHÉTYPE DIVIN

Cernunnos: le dieu cornu du monde celte vous apporte lumière, chaleur, protection et bienveillance. Il annonce des issues positives.

L'ALLIÉ ET SON CONSEIL

Les satyres: ces créatures de la mythologie grecque, qui forment le cortège dionysiaque avec les ménades, vous conseillent d'exprimer vos désirs et vos passions avec clarté.

LES MOTS-CLÉS DE LA NUMÉROLOGIE

Le nombre 22: altruisme, équilibre, amour, accomplissement.

23

LE MESSAGE DE MES GUIDES

Examine les projets que tu as décidé de réaliser et donne-toi les moyens de les mener à bien.

LA SAGESSE DE L'ANIMAL

Le chien: la confiance, l'amour et la foi sont les valeurs qui me guident.

LE SOUTIEN DE L'ARCHÉTYPE DIVIN

Hécate: la triple déesse puissante de la mythologie grecque vous encourage à croire en votre magie personnelle.

L'ALLIÉ ET SON CONSEIL

Garm: le chien hurleur, enchaîné à la caverne Gnipahellir, qui brisa ses chaînes lors du Ragnarök pour participer à la bataille, vient vous rappeler qu'il y a des combats qui ne peuvent être évités.

LES MOTS-CLÉS DE LA NUMÉROLOGIE

Le nombre 23: projet à mener, heureux hasard, chemin de la réussite.

FAVORABLE

24

LE MESSAGE DE MES GUIDES

Souviens-toi qu'un esprit ne peut être vraiment libre et ouvert s'il est accompagné d'un cœur fermé.

LA SAGESSE DE L'ANIMAL

Le perroquet: je suis dévoué à l'amour et à la vie.

LE SOUTIEN DE L'ARCHÉTYPE DIVIN

Aphrodite: la déesse olympienne vous apporte son soutien pour apaiser les chagrins et blessures sentimentales, mais aussi pour garder le cœur ouvert à l'amour et à toute forme d'affection.

L'ALLIÉ ET SON CONSEIL

La banshee: cette créature féminine surnaturelle de la mythologie celtique irlandaise vous apprend que crier sa détresse et demander de l'aide est parfois plus que nécessaire. Faites-le si vous en ressentez le besoin.

LES MOTS-CLÉS DE LA NUMÉROLOGIE

Le nombre 24: famille, confiance, bienveillance, relation.

PEU FAVORABLE

25

LE MESSAGE DE MES GUIDES

Cultive, sème et récolte sur tous les plans: matériels, émotionnels et spirituels.

LA SAGESSE DE L'ANIMAL

Le bison: je crée ma voie vers l'abondance dans la générosité et le respect.

LE SOUTIEN DE L'ARCHÉTYPE DIVIN

Déméter: la déesse antique de la mythologie grecque vous apporte la protection matérielle. Elle soutiendra ce que vous aurez décidé de semer et vous aidera à le récolter.

L'ALLIÉ ET SON CONSEIL

Le domovoï: l'esprit protecteur du foyer et de la famille vous conseille de veiller à la positivité des énergies qui se trouvent dans votre maison. Celles-ci ont un impact dans votre vie.

LES MOTS-CLÉS DE LA NUMÉROLOGIE

Le nombre 25: acquisition, intérêt, écoute, conseil.

PEU FAVORABLE

26

LE MESSAGE DE MES GUIDES

Mets de l'ordre dans ta vie: revois tes plans, tes pensées, tes projets et tes intentions.

LA SAGESSE DE L'ANIMAL

La tortue: je ne me soucie pas de la vitesse à laquelle j'avance, mais plutôt du chemin parcouru.

LE SOUTIEN DE L'ARCHÉTYPE DIVIN

Tyr: le dieu de la mythologie nordique vient ici révéler que certains sacrifices sont nécessaires pour triompher en étant juste.

L'ALLIÉ ET SON CONSEIL

Sleipnir: le cheval à huit pattes de la mythologie nordique vous prévient que les choses peuvent aller plus vite que prévu.

LES MOTS-CLÉS DE LA NUMÉROLOGIE

Le nombre 26: réussite financière, pouvoir, bon sens, coopération.

FAVORABLE

27

LE MESSAGE DE MES GUIDES

On ne sait pas de quoi demain sera fait. Alors si ton cœur danse pour quelqu'un, dis-le-lui maintenant.

LA SAGESSE DE L'ANIMAL

La mante religieuse: je parviens à la maîtrise à force de patience et d'équilibre.

LE SOUTIEN DE L'ARCHÉTYPE DIVIN

Sarasvati: la déesse encourage vos connaissances et capacités artistiques. Par son énergie, elle favorise aussi votre faculté à vous adapter et la grâce dans vos attitudes.

L'ALLIÉ ET SON CONSEIL

Les apsaras: ces nymphes de la mythologie hindouiste qui charment les dieux du paradis d'Indra incarnent la volupté. Elles vous conseillent de mettre en avant vos charmes.

LES MOTS-CLÉS DE LA NUMÉROLOGIE

Le nombre 27: humanité, tolérance, bonté.

PAS FAVORABLE

28

LE MESSAGE DE MES GUIDES

S'exprimer et rayonner dans la sincérité, c'est s'accompagner d'énergies positives et protectrices.

LA SAGESSE DE L'ANIMAL

L'étourneau: je suis apte à communiquer clairement.

LE SOUTIEN DE L'ARCHÉTYPE DIVIN

Hermès: ce dieu qui soutient la communication et l'expression favorise l'arrivée de messages et d'informations utiles pour vos projets.

L'ALLIÉ ET SON CONSEIL

La vouivre: ce serpent ailé que l'on retrouve dans plusieurs mythes vous conseille d'aborder les choses avec un autre regard et d'essayer d'en avoir une conception nouvelle.

LES MOTS-CLÉS DE LA NUMÉROLOGIE

Le nombre 28: alliance, diplomatie, union, opération fructueuse.

FAVORABLE

29

LE MESSAGE DE MES GUIDES

Ce que l'on exprime, on le libère.

LA SAGESSE DE L'ANIMAL

L'âne: je fais preuve d'humilité. Je suis un éveilleur de conscience.

LE SOUTIEN DE L'ARCHÉTYPE DIVIN

Héphaïstos: le dieu de la mythologie grecque maîtrise le feu souterrain. Il vous aide à dompter votre volcan intérieur.

L'ALLIÉ ET SON CONSEIL

Les gnomes: ils vous invitent à vous reconnecter à l'élément Terre et à vous intéresser aux minéraux et à leurs vertus.

LES MOTS-CLÉS DE LA NUMÉROLOGIE

Le nombre 29: foi, vibration cosmique, intégrité, efforts spirituels.

PEU FAVORABLE

30

LE MESSAGE DE MES GUIDES

Sois juste dans tes actions.

LA SAGESSE DE L'ANIMAL

L'ibis: j'unis et j'honore les énergies du ciel et de la terre. Je vois ce qu'il y a de divin et de sacré sur le plan terrestre.

LE SOUTIEN DE L'ARCHÉTYPE DIVIN

Thot: le dieu de la mythologie égyptienne soutient la parole et le verbe sacrés, tout en rappelant qu'il faut en faire bon usage. Il soutient aussi les talents et l'intelligence en lien avec le Divin.

L'ALLIÉ ET SON CONSEIL

Le serpopard: cet animal mythique de l'antique Égypte, mi-léopard mi-serpent, vous rappelle que ce qui est inenvisageable pour certains ne l'est pas pour d'autres.

LES MOTS-CLÉS DE LA NUMÉROLOGIE

Le nombre 30: talent, intuition, instruction, orientation, création.

PAS FAVORABLE

31

LE MESSAGE DE MES GUIDES

Garde ta lumière dans les ténèbres.

LA SAGESSE DE L'ANIMAL

La luciole: grâce à la passion qui anime ma lumière intérieure et parce que j'y crois vraiment, j'atteins mes objectifs.

LE SOUTIEN DE L'ARCHÉTYPE DIVIN

Perséphone: la déesse grecque vous apporte son aide pour trouver l'équilibre entre l'ombre et la lumière.

L'ALLIÉ ET SON CONSEIL

Orthos: le chien bicéphale issu de la mythologie grecque vous conseille de vous concentrer sur vos propres affaires plutôt que sur celles des autres. Recentrez-vous sur vous.

LES MOTS-CLÉS DE LA NUMÉROLOGIE

Le nombre 31: pragmatisme, visualisation, confiance en soi.

PEU FAVORABLE

32

LE MESSAGE DE MES GUIDES

Dans le véritable amour, il n'y a aucune place pour l'insécurité, car la bienveillance est reine. Alors, ne t'inquiète pas et aime sans réserve.

LA SAGESSE DE L'ANIMAL

L'hermine: l'épanouissement se trouve aussi dans les changements et les transformations.

LE SOUTIEN DE L'ARCHÉTYPE DIVIN

Frigg: la déesse nordique encourage les unions, les rassemblements avec vos proches et les projets de famille.

L'ALLIÉ ET SON CONSEIL

Les pixies: ces créatures des légendes celtiques vous conseillent de vous reconnecter à votre âme d'enfant. Celle-ci vous rappellera ce qui vous motive vraiment.

LES MOTS-CLÉS DE LA NUMÉROLOGIE

Le nombre 32: amour, confiance, guide, soutien.

FAVORABLE

33

Le message de mes guides

Distingue ce que les autres attendent de toi de ce que tu es prêt à leur donner.

La sagesse de l'animal

Le guépard: je suis à l'écoute de mes sentiments et connecté à ceux des autres.

Le soutien de l'archétype divin

Hathor: la déesse de la mythologie égyptienne vous accompagne dans vos évolutions émotionnelles ou votre projet de grossesse.

L'allié et son conseil

Hippalectryon: cette créature hybride fantastique de la Grèce antique vous rappelle qu'une grande détermination peut vaincre vents et marées.

Les mots-clés de la numérologie

Le nombre 33: fort potentiel, bienveillance, générosité.

34

LE MESSAGE DE MES GUIDES

Prends conscience de ta puissance intérieure.

LA SAGESSE DE L'ANIMAL

Le taureau: je suis à la fois dans une présence physique et spirituelle.

LE SOUTIEN DE L'ARCHÉTYPE DIVIN

Arès: le dieu grec combatif et courageux vous apporte de la bravoure, la force de trancher et la capacité à vous engager.

L'ALLIÉ ET SON CONSEIL

Le Minotaure: il vous offre son aide pour vous libérer de la bestialité et de la violence que vous portez en vous.

LES MOTS-CLÉS DE LA NUMÉROLOGIE

Le nombre 34: force de travail, efforts réfléchis, énergie positive.

PAS FAVORABLE

35

Le message de mes guides

Les réponses ne viennent pas toujours quand on voudrait, mais souvent quand on est prêt.

La sagesse de l'animal

La cigogne: ma présence apporte fécondité, fidélité et bonnes nouvelles.

Le soutien de l'archétype divin

Héra: la déesse de la mythologie grecque apporte la fidélité et soutient les démarches ou attitudes loyales.

L'allié et son conseil

Le basilic: cette créature légendaire remontant à l'époque gréco-romaine vous conseille de ne pas laisser l'amertume vous guider.

Les mots-clés de la numérologie

Le nombre 35: bénédiction, changement, opportunité.

FAVORABLE

36

Le message de mes guides

Admire-toi pour tout ce que tu as traversé.

La sagesse de l'animal

La loutre: je mets de l'enthousiasme et de la joie dans tout ce que je fais.

Le soutien de l'archétype divin

Kali: cette déesse hindoue vous dit que certains changements sont violents et certaines transformations brutales, mais souvent nécessaires.

L'allié et son conseil

Le vodianoï: cet esprit des eaux de la mythologie slave vous rappelle que ce sont des eaux les plus calmes dont il faut parfois le plus se méfier.

Les mots-clés de la numérologie

Le nombre 36: mental, compétences, gratitude.

PEU FAVORABLE

37

Le message de mes guides

Apprends à tempérer tes pensées comme tes comportements.

La sagesse de l'animal

La colombe: j'apporte l'harmonie dans les relations et la paix en amour.

Le soutien de l'archétype divin

Séléné: la déesse lunaire de la mythologie grecque vous invite à agir dans la matière et dans le concret.

L'allié et son conseil

Ladon: ce reptile imaginaire à 100 têtes de la mythologie grecque vient pour vous aider à protéger votre intimité et votre jardin secret.

Les mots-clés de la numérologie

Le nombre 37: amour, rassembler, romantisme.

FAVORABLE

38

LE MESSAGE DE MES GUIDES

Pour escalader une montagne, il faut parfois s'y prendre à plusieurs fois.

LA SAGESSE DE L'ANIMAL

Le bélier: je fais preuve de constance et de persévérance.

LE SOUTIEN DE L'ARCHÉTYPE DIVIN

Dionysos: ce dieu grec vous aide à accepter sans jugement les ambiguïtés et les ambivalences de votre personnalité.

L'ALLIÉ ET SON CONSEIL

Silène: ce satyre vous conseille de ne pas être effrayé par la grandeur des obstacles à affronter. Il vous rappelle aussi qu'en vouloir à la vie pour les épreuves à surmonter ne sert à rien, à part vous faire perdre du temps.

LES MOTS-CLÉS DE LA NUMÉROLOGIE

Le nombre 38: connexion, affirmation, expérience.

PAS FAVORABLE

39

Le message de mes guides

Accepte tes différents « visages »
et compose avec eux.

La sagesse de l'animal

L'hippopotame: j'ai la capacité à évoluer et naviguer dans mes émotions avec clarté.

Le soutien de l'archétype divin

Ammout: cette déesse à la tête de crocodile de la mythologie égyptienne vous apporte son aide pour arrêter de ruminer les émotions négatives, notamment la colère.

L'allié et son conseil

Cipactli: cette créature chimérique de la mythologie aztèque vous rappelle que vous influez sur votre environnement. À vous de le rendre fertile avec vos intentions et attitudes.

Les mots-clés de la numérologie

Le nombre 39: discipline, imprévus, persévérance.

PAS FAVORABLE

40

LE MESSAGE DE MES GUIDES

Quand une situation te met mal à l'aise ou que tu as l'impression que quelque chose ne tourne pas rond, sache que tes ressentis sont justes. Fais confiance à ton intuition, elle sait.

LA SAGESSE DE L'ANIMAL

La taupe: si je ne vois pas certaines choses, je peux les sentir ou les ressentir quand même.

LE SOUTIEN DE L'ARCHÉTYPE DIVIN

Höd: ce dieu aveugle de la mythologie nordique vous aide à voir derrière le voile des apparences.

L'ALLIÉ ET SON CONSEIL

La gorgone: elle vous conseille de ne pas chercher à attirer le regard et l'attention d'autrui, mais de simplement agir pour vous.

LES MOTS-CLÉS DE LA NUMÉROLOGIE

Le nombre 40: relation terrestre, nature, passé, durée.

PEU FAVORABLE

41

Le message de mes guides

Trouve une solution à la situation qui te préoccupe. C'est souvent plus utile que de lui trouver une explication.

La sagesse de l'animal

Le buffle: je sais faire front et ne recule devant aucun défi.

Le soutien de l'archétype divin

Zeus: le dieu des dieux dans le panthéon grec vous encourage à vous affranchir, à dépasser vos propres limites et à abattre les barrières mentales restrictives qui entravent votre essor.

L'allié et son conseil

Amalthée: la chèvre légendaire qui nourrit Zeus et à qui l'on doit la constellation du Capricorne vous conseille de donner sans attendre en retour.

Les mots-clés de la numérologie

Le nombre 41: conscience, action positive, observation des pensées.

FAVORABLE

42

Le message de mes guides

Revois tes attitudes et tes intentions face aux attentes que tu nourris dans ta vie pour éviter toute frustration et insatisfaction.

La sagesse de l'animal

Le lynx: je sais garder les secrets et faire preuve de discrétion.

Le soutien de l'archétype divin

Loki: le dieu nordique à la cruelle réputation vient vous aider à voir à travers les illusions, la malice et les mensonges même si c'est douloureux.

L'allié et son conseil

Le kumiho: ce renard à neuf queues des légendes asiatiques apparaît lorsque toute forme de ruse, tromperie et manipulation se font présentes.

Les mots-clés de la numérologie

Le nombre 42: réponse, attente, solitude.

PAS FAVORABLE

43

LE MESSAGE DE MES GUIDES

L'avenir s'enracine dans le présent. Ne vis pas dans le passé, celui-ci est déjà en toi. Sois dans l'instant, vis chaque moment pleinement.

LA SAGESSE DE L'ANIMAL

La chenille: une transformation est imminente sur la voie de ma réalisation personnelle.

LE SOUTIEN DE L'ARCHÉTYPE DIVIN

Maât: en transportant avec elle toute l'harmonie cosmique, la déesse égyptienne vous apporte une énergie d'équilibre.

L'ALLIÉ ET SON CONSEIL

La manticore: cette créature des légendes persanes au corps de lion, au visage d'homme et à la queue de scorpion vous aide à vous armer contre les attaques et à ne pas vous laisser atteindre par les paroles blessantes ou comportements malveillants d'autrui.

LES MOTS-CLÉS DE LA NUMÉROLOGIE

Le nombre 43: énergie vitale, conception, racines.

PEU FAVORABLE

44

LE MESSAGE DE MES GUIDES

Il existe beaucoup de choses qui ne sont pas toujours visibles, mais qui sont pourtant là. Le soleil brille toujours quelque part, même en pleine nuit.

LA SAGESSE DE L'ANIMAL

Le hibou: ma perspicacité éclaire les choses obscures et mon intuition me permet de voir même dans les ténèbres.

LE SOUTIEN DE L'ARCHÉTYPE DIVIN

Athéna: la déesse olympienne pousse à la sagesse et aide à étudier ce qui peut être pour vous de bons conseils afin d'établir des stratégies d'évolution.

L'ALLIÉ ET SON CONSEIL

Le sylphe: cet esprit de l'air vous conseille de faire preuve de subtilité, patience et délicatesse face aux difficultés de communication, pour mettre en confiance l'autre et l'amener à se livrer.

LES MOTS-CLÉS DE LA NUMÉROLOGIE

Le nombre 44: valeurs, sécurité, constance.

PAS FAVORABLE

45

LE MESSAGE DE MES GUIDES

Les plus beaux endroits sont généralement accessibles grâce à des chemins sinueux et difficiles. Il en est de même avec les plus belles réussites.

LA SAGESSE DE L'ANIMAL

L'hippocampe: face aux obstacles et difficultés, je privilégie les attitudes calmes et douces ainsi que la patience.

LE SOUTIEN DE L'ARCHÉTYPE DIVIN

Shiva: le dieu hindou vous insuffle une énergie protectrice et vous somme de ne pas oublier que vous êtes le créateur et le transformateur de votre destin.

L'ALLIÉ ET SON CONSEIL

Le Léviathan: ce monstre marin qui sème le chaos vous rappelle qu'après les méthodes « douces », il faut savoir faire des vagues et prendre les choses en main pour changer les choses.

LES MOTS-CLÉS DE LA NUMÉROLOGIE

Le nombre 45: gestion des émotions, recherche de stabilité.

PEU FAVORABLE

46

LE MESSAGE DE MES GUIDES

Fais preuve de discernement et persévère: malgré les détours, tu trouveras ton chemin.

LA SAGESSE DE L'ANIMAL

Le renard: je sais prendre des risques calculés et exploiter toutes mes capacités.

LE SOUTIEN DE L'ARCHÉTYPE DIVIN

Inari: cette divinité japonaise vous prévient des dangers. Elle vous incite aussi à rester sur vos gardes et à vous souvenir que la plupart des dangers peuvent être évités.

L'ALLIÉ ET SON CONSEIL

Le kitsune: cet esprit renard provenant des contes japonais rappelle que nous possédons tous différents visages ou facettes dotées de qualités qu'il faut savoir solliciter selon les situations.

LES MOTS-CLÉS DE LA NUMÉROLOGIE

Le nombre 46: illusion, ruse, craintes, aide.

PAS FAVORABLE

47

LE MESSAGE DE MES GUIDES

Ne permets pas à tes peurs, à l'amertume et à la rancœur de te voler ta douceur.

LA SAGESSE DE L'ANIMAL

Le rhinocéros: j'ai une solidité et une puissance intérieure massive que je choisis enfin de révéler et sur laquelle je peux maintenant m'appuyer.

LE SOUTIEN DE L'ARCHÉTYPE DIVIN

Brahma: cette déité hindoue vous soutient et vous entoure d'une énergie forte, protectrice, masculine et paternelle.

L'ALLIÉ ET SON CONSEIL

L'elfe: cette créature légendaire encourage vos désirs de bien faire et vos efforts, mais vous prévient que la quête de perfection est une illusion.

LES MOTS-CLÉS DE LA NUMÉROLOGIE

Le nombre 47: arts, études, écrits, professionnalisme.

PEU FAVORABLE

48

LE MESSAGE DE MES GUIDES

Il vaut parfois mieux être seul que mal accompagné. Tout dépend de la compagnie. C'est le moment d'étudier le rapport entre le besoin de solitude et le besoin de cohésion et de relations sociales.

LA SAGESSE DE L'ANIMAL

Le loup: je préserve ma liberté, ma loyauté, mon endurance, ma combativité et ma spontanéité.

LE SOUTIEN DE L'ARCHÉTYPE DIVIN

Odin: ce dieu puissant de la mythologie nordique vous apporte ici une énergie de protection. Il vous encourage aussi à reprendre les rênes de votre vie.

L'ALLIÉ ET SON CONSEIL

Geri et Freki: les loups d'Odin vous aident à dépasser les limites qui vous restreignent.

LES MOTS-CLÉS DE LA NUMÉROLOGIE

Le nombre 48: logique, intelligence, instinct, ténacité.

FAVORABLE

49

LE MESSAGE DE MES GUIDES

Tout processus de guérison, qu'il soit physique, émotionnel ou psychique, n'est jamais facile à démarrer, mais il permettra de faire peau neuve.

LA SAGESSE DE L'ANIMAL

L'orque: je représente la guérison par mon chant et mes couleurs symbolisent ma faculté à trouver l'équilibre entre la lumière et l'ombre.

LE SOUTIEN DE L'ARCHÉTYPE DIVIN

Hestia: la déesse grecque vous apporte son énergie de soutien pour la gestion et le bien-être du foyer en règle générale, que ce soit votre espace de vie ou votre feu sacré, c'est-à-dire votre foyer intérieur.

L'ALLIÉ ET SON CONSEIL

Jörmungand: le serpent de Midgard, un des neuf mondes de la mythologie nordique, vous conseille de rester intègre et d'exister avant tout pour vous-même. N'ayez pas peur d'être vulnérable, c'est courageux d'être soi.

LES MOTS-CLÉS DE LA NUMÉROLOGIE

Le nombre 49: instabilité, prudence, discrétion.

PAS FAVORABLE

50

Le message de mes guides

Apprends à te féliciter, à saluer les efforts fournis et à apprécier là où ils t'ont conduit.

La sagesse de l'animal

Le coyote: je me sers de l'humour comme d'un joker dans certaines situations.

Le soutien de l'archétype divin

Thor: ce dieu nordique soutient la pugnacité et met en avant que l'invulnérabilité et la résistance sont aussi des états d'esprit.

L'allié et son conseil

Fenrir: ce loup gigantesque de la mythologie nordique vous conseille de croquer la vie à pleines dents et de profiter au mieux de ce qu'elle vous offre.

Les mots-clés de la numérologie

Le nombre 50: ouverture, nouvel accès, persévérance.

FAVORABLE

51

Le message de mes guides

Souviens-toi que la richesse a bien des formes, elle n'est pas que matérielle.

La sagesse de l'animal

Le castor: je suis un bâtisseur toujours en mouvement et sais aussi m'entourer pour construire mes objectifs.

Le soutien de l'archétype divin

Osiris: le dieu du panthéon égyptien vous apporte un soutien pour le bon déroulement des choses, peu importe ce que vous allez entreprendre.

L'allié et son conseil

Le nycticorax: cet oiseau légendaire des mythes médiévaux, capable de voir et d'évoluer dans les ténèbres, vous conseille de garder une certaine clarté d'esprit et de repousser la prise de décision lors des moments de trouble.

Les mots-clés de la numérologie

Le nombre 51: vigilance, priorités, conditions de vie.

PEU FAVORABLE

52

Le message de mes guides

Assume tes choix et tes décisions.

La sagesse de l'animal

Le lion: je fais preuve de fermeté et de courage. Nul n'a le pouvoir de me détourner de ce que j'entreprends.

Le soutien de l'archétype divin

Sekhmet: la déesse de l'Égypte antique vous apporte son caractère fort et puissant pour soutenir votre motivation et votre détermination.

L'allié et son conseil

Le lion de Némée: cette créature fantastique vous conseille de vous battre pour ce que vous souhaitez et de ne pas baisser les bras face à ceux qui « veulent votre peau ».

Les mots-clés de la numérologie

Le nombre 52: leçons, progression, surmonter les obstacles.

PEU FAVORABLE

53

Le message de mes guides

Ne laisse pas les nuages qui obscurcissent ton ciel te faire oublier que tu as une bonne étoile.

La sagesse de l'animal

Le cheval: personne n'entrave ma liberté. Je suis doté d'une grande vitalité et puise dans mes ressources pour dépasser mes limites.

Le soutien de l'archétype divin

Sif: la déesse nordique vous apporte l'énergie de la Terre, une énergie protectrice et fertile utile pour préparer le terrain, notamment pour entreprendre des projets concrets et matériels.

L'allié et son conseil

Chiron: le centaure de la mythologie grecque vous conseille de mettre vos peurs de côté, car elles sont responsables du blocage de certaines situations.

Les mots-clés de la numérologie

Le nombre 53: surprises, changements inopinés, impulsion.

FAVORABLE

54

Le message de mes guides

C'est dans les périodes dites de stagnation qu'il est bon de faire des bilans sur les différents domaines de ta vie.

La sagesse de l'animal

L'araignée: je tiens le fil qui mène à mon destin.

Le soutien de l'archétype divin

Hel: la déesse des morts dans la mythologie nordique vous apporte l'énergie de protection d'un défunt (celui auquel vous venez de penser). Celui-ci vous envoie force et réconfort.

L'allié et son conseil

Arachné: avant d'être une araignée, elle était une femme dans la mythologie grecque. Elle rappelle que tisser son avenir peut prendre du temps et que la patience sera de mise.

Les mots-clés de la numérologie

Le nombre 54: autonomie, clarification, désenchevêtrement.

FAVORABLE

55

Le message de mes guides

Tu n'es pas seul, jamais. Même quand tu as l'impression d'être au milieu du chaos, tes guides t'envoient leur lumière et veillent sur toi.

La sagesse de l'animal

Le chacal: je compte avant tout sur moi-même. Je suis la personne en qui je dois placer toute ma confiance.

Le soutien de l'archétype divin

Anubis: le dieu égyptien vous ouvre le chemin. Il vous encourage à emprunter cette voie qui vous est inconnue.

L'allié et son conseil

La furie: elle vous conseille de ne pas perdre de temps et de ne pas faire cas des personnes qui font preuve de méchanceté. En effet, elles ne font qu'exprimer leurs propres tourments.

Les mots-clés de la numérologie

Le nombre 55: réceptivité, divination, nouvelles informations.

FAVORABLE

56

LE MESSAGE DE MES GUIDES

Savoir tirer les bonnes conclusions nécessite une profonde analyse des choses avec un regard objectif.

LA SAGESSE DE L'ANIMAL

Le corbeau: j'utilise l'observation ainsi que mon ingéniosité, mon adaptabilité et mon intelligence pour comprendre les choses.

LE SOUTIEN DE L'ARCHÉTYPE DIVIN

Mithra: ce dieu juge d'un culte à mystères soutient les promesses que vous vous faites à vous-même et vous aidera à les mener à bien.

L'ALLIÉ ET SON CONSEIL

Hugin et Munin: les deux corbeaux du dieu nordique Odin vous invitent à tenir compte des différents messages et conseils que vous recevez.

LES MOTS-CLÉS DE LA NUMÉROLOGIE

Le nombre 56: attraction, équilibre intérieur, intimité.

57

LE MESSAGE DE MES GUIDES

L'aspect d'une clé ne garantit pas ce qui se trouve derrière la porte. Les apparences ne sont pas toujours révélatrices.

LA SAGESSE DE L'ANIMAL

L'hirondelle: je fais preuve d'une détermination sans faille pour trouver mon équilibre.

LE SOUTIEN DE L'ARCHÉTYPE DIVIN

Éros: le dieu de la mythologie grecque vient vous rappeler que l'amour est la plus puissante des forces créatrices.

L'ALLIÉ ET SON CONSEIL

Le liéchi: cet esprit de la forêt de la mythologie slave vous conseille de voir la vie comme un voyage. Et comme tout voyage, il est possible de s'égarer. L'important est de continuer à chercher son chemin.

LES MOTS-CLÉS DE LA NUMÉROLOGIE

Le nombre 57: choix audacieux, élargissement du champ des possibles.

FAVORABLE

58

LE MESSAGE DE MES GUIDES

Les masques que l'on porte sont souvent un moyen de déguiser des souffrances.

LA SAGESSE DE L'ANIMAL

Le raton laveur: je suis capable de trouver une solution à chaque problème.

LE SOUTIEN DE L'ARCHÉTYPE DIVIN

Ogmios: le dieu de la mythologie celtique vous apporte ses capacités d'éloquence. Vous saurez faire preuve de rhétorique quand vous en aurez besoin.

L'ALLIÉ ET SON CONSEIL

Le chapalu: ce chat monstrueux des contes médiévaux vous conseille d'être dans l'action, car même si la pensée est créatrice, vous devez agir pour la matérialiser.

LES MOTS-CLÉS DE LA NUMÉROLOGIE

Le nombre 58: adversité, santé, angoisses, blocages.

PAS FAVORABLE

59

Le message de mes guides

Il faut créer de la place dans ta vie pour que des changements s'opèrent.

La sagesse de l'animal

La marmotte: je prends le temps qu'il me faut pour intégrer les choses.

Le soutien de l'archétype divin

Hypnos: le dieu du sommeil et gardien de la nuit dans la mythologie grecque vous invite à analyser votre rapport aux activités nocturnes et au monde de la nuit.

L'allié et son conseil

Le baku: cette créature fantastique japonaise vous conseille de tenir vos cauchemars éloignés de vos pensées pour laisser place à la réalisation de vos rêves et désirs.

Les mots-clés de la numérologie

Le nombre 59: canalisation des énergies, alignement avec ses objectifs.

PEU FAVORABLE

60

LE MESSAGE DE MES GUIDES

Inspire-toi du reste du monde, mais ne ressemble à personne. Ne fais pas comme les autres, fais comme ton âme te le murmure au plus profond de ton être.

LA SAGESSE DE L'ANIMAL

Le panda: je suis doux et puissant, tranquille et sauvage à la fois.

LE SOUTIEN DE L'ARCHÉTYPE DIVIN

Phobos: le dieu grec vous apporte son énergie pour gérer les émotions angoissantes, les sentiments de panique et le stress que cela engendre.

L'ALLIÉ ET SON CONSEIL

La harpie: ce monstre à corps de vautour et tête de femme de la mythologie grecque vient vous rappeler que susciter une forme de crainte dans certains cas empêche d'être abusé et dupé.

LES MOTS-CLÉS DE LA NUMÉROLOGIE

Le nombre 60: lucidité, transmutation, face cachée des choses.

PAS FAVORABLE

61

Le message de mes guides

Garde le cap sans inquiétude, on t'éclaire le chemin.

La sagesse de l'animal

Le zèbre: j'affirme mon unicité au sein de la communauté qui m'entoure.

Le soutien de l'archétype divin

Astarté: cette déesse apporte son soutien et sa force à vos énergies primaires, encourage vos instincts profonds et votre connexion à l'aspect originel de la vie.

L'allié et son conseil

Les dryades: elles vous conseillent de faire preuve d'endurance et d'avoir une détermination ancrée pour obtenir ce que vous souhaitez.

Les mots-clés de la numérologie

Le nombre 61: issue favorable, trouver ou retrouver son chemin.

FAVORABLE

62

LE MESSAGE DE MES GUIDES

Être dans une forme de contrôle constant est épuisant. Si tu apprends à lâcher prise et à faire preuve de résilience, tu transmuteras bien des situations.

LA SAGESSE DE L'ANIMAL

La pieuvre: j'explore les mystères qui m'entourent. J'apprends d'eux et tire de précieuses leçons de tout ce que j'expérimente.

LE SOUTIEN DE L'ARCHÉTYPE DIVIN

Lir: le dieu de l'océan dans la mythologie celtique irlandaise soutient l'indépendance et les démarches que vous faites pour y accéder pleinement.

L'ALLIÉ ET SON CONSEIL

Le kraken: cette créature des fonds marins vous conseille de prendre le temps de rester discret, tapi, silencieux. Il vous invite à prendre du recul et à agir sans précipitation.

LES MOTS-CLÉS DE LA NUMÉROLOGIE

Le nombre 62: récompenses, encouragements.

FAVORABLE

63

LE MESSAGE DE MES GUIDES

Le chemin de l'éveil est un chemin merveilleux, mais n'oublie pas qu'il est semé d'embûches.

LA SAGESSE DE L'ANIMAL

Le crabe: je suis acteur de ma propre sécurité et sais mettre en place ce qu'il faut pour me protéger.

LE SOUTIEN DE L'ARCHÉTYPE DIVIN

Ouranos: cette divinité primordiale de la mythologie grecque soutient les esprits novateurs, les envies créatrices et rappelle que le désordre et les imprévus peuvent avoir du bon.

L'ALLIÉ ET SON CONSEIL

Le cyclope: doté d'un œil unique, il vient vous apporter sa force dans les périodes où vous avancez sans lumière, sans réflexion, à l'aveuglette. Il rappelle qu'on peut avoir une vision élargie en utilisant son 3ᵉ œil et non juste la vision traditionnelle.

LES MOTS-CLÉS DE LA NUMÉROLOGIE

Le nombre 63: choix de vie, arrivée, volonté, décision.

PEU FAVORABLE

64

LE MESSAGE DE MES GUIDES

C'est le moment d'agir pour ton bien avant tout.

LA SAGESSE DE L'ANIMAL

L'antilope: derrière mon esprit farouche
se cache une grande gentillesse.

LE SOUTIEN DE L'ARCHÉTYPE DIVIN

Satis: cette déesse égyptienne vous apporte son
énergie purificatrice et sa connexion avec l'élément
Eau. L'Eau incarne les émotions qu'elle vient purifier.

L'ALLIÉ ET SON CONSEIL

Les sirènes: elles vous invitent à rester sur
vos gardes et à ne pas vous laisser enchanter
par n'importe quelles belles paroles.

LES MOTS-CLÉS DE LA NUMÉROLOGIE

Le nombre 64: dévotion, sagesse
intérieure, base solide.

65

Le message de mes guides

Il y a du bon et du mauvais dans la plupart des choses, il ne tient qu'à nous d'en tirer le meilleur, quoi qu'il en soit.

La sagesse de l'animal

La fourmi: je suis méticuleuse dans mon travail et je m'entoure des personnes avec qui je partage un but commun.

Le soutien de l'archétype divin

Parvati: cette déesse hindoue soutient les nobles sacrifices. Elle vous encourage à être dévoué à vos valeurs profondes.

L'allié et son conseil

Les myrmekes: ces fourmis géantes de la mythologie grecque vous rappellent que ce sont les petites choses, les petits détails, qui formeront un grand tout.

Les mots-clés de la numérologie

Le nombre 65: finance, matériel, tangible.

PEU FAVORABLE

66

LE MESSAGE DE MES GUIDES

Il est toujours possible de créer une meilleure version de toi-même, que ce soit à travers tes attitudes, tes choix ou tes pensées.

LA SAGESSE DE L'ANIMAL

Le lapin: j'attire la chance et la prospérité par ma façon d'être et les attitudes que j'ai décidé d'adopter.

LE SOUTIEN DE L'ARCHÉTYPE DIVIN

Éostre: cette déesse anglo-saxonne vous apporte le renouveau, la renaissance et la fertilité. Elle annonce que les projets qui ont été mûris s'apprêtent à se réaliser.

L'ALLIÉ ET SON CONSEIL

Le jackalope: cet animal imaginaire du folklore américain, mi-lièvre mi-antilope, vous conseille de vous lancer. Il est temps de rentrer dans le jeu, n'ayez pas peur de vous tromper.

LES MOTS-CLÉS DE LA NUMÉROLOGIE

Le nombre 66: grâce, bonté, naïveté.

FAVORABLE

67

Le message de mes guides

Saisis la moindre occasion de sourire et de rire; c'est le premier bienfait que tu apporteras à ton cœur et à ton corps.

La sagesse de l'animal

Le léopard: je sais faire preuve d'autorité quand c'est nécessaire.

Le soutien de l'archétype divin

Ishtar: cette déesse mésopotamienne vous aide à vous connecter à votre corps physique pour jouir pleinement des plaisirs qu'il peut vous offrir.

L'allié et son conseil

La panthère d'eau: cette puissante créature de la mythologie amérindienne vous conseille d'observer comment réagit votre ego face à celui des autres.

Les mots-clés de la numérologie

Le nombre 67: approbation, engagement, implication.

FAVORABLE

68

LE MESSAGE DE MES GUIDES

Trouve ce qui te remplit d'amour
et de joie puis cultive-le.

LA SAGESSE DE L'ANIMAL

La grue: j'incarne la longévité et choisis
de m'orienter vers ce qui est durable.

LE SOUTIEN DE L'ARCHÉTYPE DIVIN

Isis: cette déesse égyptienne vous encourage
à explorer de nouveaux horizons et à tirer un
enrichissement personnel de ces expériences nouvelles.

L'ALLIÉ ET SON CONSEIL

La stryge: cette créature antique mi-femme mi-oiseau vous conseille de vous faire
entendre et d'insister si c'est nécessaire.

LES MOTS-CLÉS DE LA NUMÉROLOGIE

Le nombre 68: autosuggestion, répétition, régularité.

PEU FAVORABLE

69

Le message de mes guides

Tu n'as rien à prouver à personne si ce n'est à toi-même.

La sagesse de l'animal

L'élan: je résiste à toutes les tempêtes même quand la route est longue et difficile.

Le soutien de l'archétype divin

Ull: la divinité nordique du froid et de l'hiver qui tient le monde entre ses mains vous rappelle que vous tenez les rênes de votre destin.

L'allié et son conseil

Le krampus: cette créature mythique anthropomorphe munie de cornes du folklore européen, mi-chèvre mi-démon, vient vous rappeler et vous avertir que tous les mauvais actes finissent par se payer d'une façon ou d'une autre.

Les mots-clés de la numérologie

Le nombre 69: équilibre des énergies, progrès, aboutissement.

FAVORABLE

70

LE MESSAGE DE MES GUIDES

Aime, tout simplement, puis observe ce qui se passe.

LA SAGESSE DE L'ANIMAL

L'oie: j'agis avec prudence mais sûreté et sais recourir à toutes sortes d'astuces pour avancer.

LE SOUTIEN DE L'ARCHÉTYPE DIVIN

Dana: cette déesse de la mythologie irlandaise vous apporte ici des ressources et richesses. Son énergie incarne l'abondance et la fertilité de la Terre-mère.

L'ALLIÉ ET SON CONSEIL

Le draugr: cette créature vampirique de la mythologie nordique vous conseille de veiller précieusement sur les trésors qui composent votre vie: biens matériels, acquis spirituels, personnes qui vous sont chères...

LES MOTS-CLÉS DE LA NUMÉROLOGIE

Le nombre 70: savoir, philosophie, développement.

FAVORABLE

71

Le message de mes guides

Si tu doutes face à une décision ou une situation, alors attends. Cependant, si tout est fluide dans ton esprit, alors c'est que tu fais les bons choix. Fonce!

La sagesse de l'animal

Le dauphin: je sais coopérer et mettre mes qualités au profit d'un groupe.

Le soutien de l'archétype divin

Varuna: cette divinité du panthéon védique vient en gardien et vous soutient pour protéger votre monde intérieur, cet endroit en vous où vous puisez courage, espoir, motivation, force et foi.

L'allié et son conseil

La salamandre: ce reptile légendaire vous conseille de ne pas oublier que la foi ne peut être détruite et qu'elle est une force invulnérable.

Les mots-clés de la numérologie

Le nombre 71: être sur la bonne voie, succès matériel.

FAVORABLE

72

LE MESSAGE DE MES GUIDES

Prends des risques. Oser vaut parfois mieux que d'avoir des regrets.

LA SAGESSE DE L'ANIMAL

Le coq: ma lumière est ma force. Je suis fier de moi et les successions de difficultés n'altèrent pas ma détermination.

LE SOUTIEN DE L'ARCHÉTYPE DIVIN

Lugh: ce dieu irlandais vient apporter son énergie solaire. Il encourage à rayonner à travers les talents et aide à être polyvalent.

L'ALLIÉ ET SON CONSEIL

Le wendigo: cette créature issue des légendes d'Amérique du Nord vous rappelle qu'il faut parfois savoir riposter quand c'est nécessaire.

LES MOTS-CLÉS DE LA NUMÉROLOGIE

Le nombre 72: mettre des mots et des actions sur nos souhaits.

PEU FAVORABLE

73

Le message de mes guides

Connecte-toi à ton enfant intérieur, console-le et guéris-le. Ainsi tu libéreras l'adulte d'aujourd'hui.

La sagesse de l'animal

Le porc-épic: je suis connecté à mon enfant intérieur et à ma douceur.

Le soutien de l'archétype divin

Meili: ce dieu nordique de l'oubli vous soutient pour dépasser ce que vous souhaitez laisser derrière vous.

L'allié et son conseil

La gargouille: elle vous rappelle que tout ce qui est durable possède une base solide et que ce principe est valable pour tout: les relations, les constructions matérielles, l'élévation spirituelle...

Les mots-clés de la numérologie

Le nombre 73: tendresse, progression, évolution positive.

74

LE MESSAGE DE MES GUIDES

Sois à l'écoute de ton intuition pour distinguer le bon du mauvais et le vrai du faux.

LA SAGESSE DE L'ANIMAL

Le héron: je suis mon instinct et ne cède à aucune pression.

LE SOUTIEN DE L'ARCHÉTYPE DIVIN

Ptah: la divinité de la mythologie égyptienne soutient les personnes qui font un travail manuel, pratiquent les arts, exercent des techniques traditionnelles ou sont dans un processus de création.

L'ALLIÉ ET SON CONSEIL

Scylla: cette nymphe transformée en un monstre marin vous conseille de revoir vos désirs, attitudes et attentes pour changer la donne quand les choses vont de mal en pis.

LES MOTS-CLÉS DE LA NUMÉROLOGIE

Le nombre 74: réponses, indépendance, impulsivité.

PAS FAVORABLE

75

LE MESSAGE DE MES GUIDES

Un baiser, un regard ou encore un sourire vaut parfois mieux que des mots.

LA SAGESSE DE L'ANIMAL

Le phasme: je ne me fais pas remarquer, j'opte pour la discrétion et je me fonds dans mon environnement.

LE SOUTIEN DE L'ARCHÉTYPE DIVIN

Éole: le dieu des vents dans la mythologie grecque vous apporte son énergie pour vous souffler inspiration, idées nouvelles et changements positifs.

L'ALLIÉ ET SON CONSEIL

Zéphyr: la personnification du vent vous conseille de vous laisser porter, de ne pas lutter et de laisser faire. Parfois, il faut savoir suivre les mouvements ou changements qui nous portent.

LES MOTS-CLÉS DE LA NUMÉROLOGIE

Le nombre 75: changement libérateur, imprévu bénéfique.

PAS FAVORABLE

76

LE MESSAGE DE MES GUIDES

L'important est l'image que tu te renvoies à toi-même, pas celle que les autres te renvoient.

LA SAGESSE DE L'ANIMAL

Le furet: je suis fier de moi sans prétention. Je m'apprécie pour ce que je suis et ce que je suis capable de faire.

LE SOUTIEN DE L'ARCHÉTYPE DIVIN

Dagda: le dieu druide de la mythologie celtique irlandaise vous transmet sa sagesse et aide les personnes qui s'empêchent de faire des choses et d'avancer par peur du regard des autres.

L'ALLIÉ ET SON CONSEIL

Le dragon: il vous exprime que le mérite finit toujours par arriver aux cœurs bons et valeureux.

LES MOTS-CLÉS DE LA NUMÉROLOGIE

Le nombre 76: instabilité, égoïsme, individualité.

PAS FAVORABLE

77

Le message de mes guides

Il existe des choses qui n'ont ni raison ni sens; l'amour inconditionnel en fait partie.

La sagesse de l'animal

La baleine: lorsque je dois faire parvenir un message, je m'assure qu'il soit compréhensif et clair.

Le soutien de l'archétype divin

Téthys: cette déesse du panthéon grec vous apporte son énergie et son soutien pour apaiser vos tumultes intérieurs afin de retrouver équilibre et harmonie.

L'allié et son conseil

La biche de Cérynie: cette créature de la mythologie grecque vous conseille de porter plus d'attention au chemin plutôt qu'à la destination. C'est le parcours et les efforts fournis qui comptent vraiment.

Les mots-clés de la numérologie

Le nombre 77: miracle, bonne nouvelle, apprentissage.

78

LE MESSAGE DE MES GUIDES

L'intensité que tu mets dans ce que tu dis ou entreprends perdure, quelle que soit la finalité.

LA SAGESSE DE L'ANIMAL

Le canard: j'ai conscience que mon état émotionnel a un impact sur tout ce que je vais entreprendre. J'agis alors en conséquence.

LE SOUTIEN DE L'ARCHÉTYPE DIVIN

Krishna: cette divinité de l'hindouisme vous apporte sagesse et soutien dans les études, les apprentissages et toute forme d'instruction.

L'ALLIÉ ET SON CONSEIL

Le makara: cette créature mi-terrestre, mi-aquatique vous conseille de bien tenir compte des premières impressions, car elles sont souvent bonnes.

LES MOTS-CLÉS DE LA NUMÉROLOGIE

Le nombre 78: s'en tenir à son plan, concentration.

PEU FAVORABLE

79

LE MESSAGE DE MES GUIDES

L'avantage des péripéties est le plus souvent qu'elles permettent d'avoir des histoires palpitantes à raconter.

LA SAGESSE DE L'ANIMAL

L'escargot: mieux vaut avancer lentement que s'arrêter.

LE SOUTIEN DE L'ARCHÉTYPE DIVIN

Junon: la déesse de la mythologie romaine apporte son soutien au sein des unions et mariages pour surmonter les passages difficiles et apporter de la stabilité.

L'ALLIÉ ET SON CONSEIL

Le carcolh: cet escargot monstrueux appartenant au folklore français conseille de ne pas vous presser. Prendre le temps de faire les choses va vous éviter d'en perdre.

LES MOTS-CLÉS DE LA NUMÉROLOGIE

Le nombre 79: anciens aspects, ce qui ne convient plus.

PAS FAVORABLE

80

LE MESSAGE DE MES GUIDES

Il est peut-être temps de passer à autre chose.

LA SAGESSE DE L'ANIMAL

L'autruche: j'agis dans la simplicité. Je fais bon usage de ce qui vient ou se présente à moi.

LE SOUTIEN DE L'ARCHÉTYPE DIVIN

Midir: ce dieu de la mythologie celtique irlandaise vous encourage lorsqu'il faut mettre un terme à un lien ou une relation toxique.

L'ALLIÉ ET SON CONSEIL

Le troll: cet être de la mythologie nordique vous rappelle que la vraie force est mentale.

LES MOTS-CLÉS DE LA NUMÉROLOGIE

Le nombre 80: puissance, autorité, énergie.

FAVORABLE

81

Le message de mes guides

Les aptitudes permettent d'avancer dans une certaine mesure, mais ce sont tes attitudes qui te mèneront au-delà.

La sagesse de l'animal

Le kangourou: je canalise mes énergies personnelles pour effectuer de grandes avancées.

Le soutien de l'archétype divin

Baldr: ce dieu nordique vient vous apporter sa lumière. Il vous encourage à cultiver la joie et la jeunesse d'esprit qui sont deux éléments qui soutiennent d'importantes dispositions spirituelles.

L'allié et son conseil

Les ouranies: ces nymphes célestes viennent vous rappeler que vous êtes entouré. Même dans les moments de doute et de solitude, vous n'êtes jamais seul.

Les mots-clés de la numérologie

Le nombre 81: initiative, réussite personnelle.

FAVORABLE

82

LE MESSAGE DE MES GUIDES

Faire preuve de patience n'est pas simplement attendre, c'est aussi conserver une façon d'être positive.

LA SAGESSE DE L'ANIMAL

Le mille-pattes: j'ai l'énergie et la capacité de faire plusieurs choses en même temps.

LE SOUTIEN DE L'ARCHÉTYPE DIVIN

Sepa: cette divinité égyptienne vient vous soutenir pour faire perdurer à votre façon ce que vos proches qui sont dans l'au-delà vous ont transmis de leur vivant.

L'ALLIÉ ET SON CONSEIL

Les elfes noirs: ces créatures souterraines de la mythologie nordique vous révèlent que ce que vous qualifiez d'échec est en fait une leçon. Faites preuve de prévenance et de tolérance envers vous-même.

LES MOTS-CLÉS DE LA NUMÉROLOGIE

Le nombre 82: chance, foi, confiance.

FAVORABLE

83

Le message de mes guides

Si tes peurs ou ta négativité te guident, alors tu les attireras. Si tes pensées sont positives, c'est cette énergie que tu appelleras dans ta vie. Utilise la loi d'attraction pour matérialiser tes intentions.

La sagesse de l'animal

Le phoque: je suis dégourdi et je ne panique pas face aux problèmes.

Le soutien de l'archétype divin

Chioné: cette déesse grecque vous apporte la bienveillance et l'amour sincère pour réchauffer les cœurs distants ou qui vous semblent froids.

L'allié et son conseil

Amarok: le gigantesque esprit du loup des mythes inuits vous conseille de vous intéresser à votre climat intérieur quand la tempête gronde. C'est le seul sur lequel vous pouvez réellement agir.

Les mots-clés de la numérologie

Le nombre 83: imagination, sens de l'humour, esprit brillant.

PEU FAVORABLE

84

LE MESSAGE DE MES GUIDES

Aie confiance en tes idées, elles sont brillantes.

LA SAGESSE DE L'ANIMAL

Le tatou: j'établis mes frontières de sécurité et j'apprends à poser mes limites sur ce que j'accepte de vivre ou non.

LE SOUTIEN DE L'ARCHÉTYPE DIVIN

Heimdall: ce dieu de la mythologie nordique vous aide à faire des liens et connexions entre les événements ou les choses en général, afin de mieux les comprendre.

L'ALLIÉ ET SON CONSEIL

Python: le serpent géant de Delphes, fils de Gaïa, vous conseille de ne pas aborder frontalement le problème, mais plutôt de le contourner et de l'observer sous tous les angles.

LES MOTS-CLÉS DE LA NUMÉROLOGIE

Le nombre 84: totalité, achèvement, aide financière.

FAVORABLE

85

Le message de mes guides

La nuit noire de l'âme, après son cycle, laisse place à une aube nouvelle et ensoleillée.

La sagesse de l'animal

Le puma: j'avance seul et me rapproche de ma part mystique.

Le soutien de l'archétype divin

Nyx: la déesse grecque de la nuit rappelle à ceux qui cherchent dans leur obscurité intérieure qu'ils ne sont jamais perdus. Ils recevront toujours des signes.

L'allié et son conseil

Le djinn: cette créature surnaturelle de la mythologie arabe vous conseille d'agir avec conscience et d'utiliser votre libre arbitre, peu importe ce à quoi vous êtes confronté.

Les mots-clés de la numérologie

Le nombre 85: abandonner les restrictions, nouvelle carrière.

FAVORABLE

86

LE MESSAGE DE MES GUIDES

Le langage de l'amour a bien des façons de s'exprimer. Tu n'es pas toujours aimé de la façon dont tu le souhaites, mais cela ne signifie pas pour autant que tu n'es pas aimé.

LA SAGESSE DE L'ANIMAL

La sauterelle: je fais un bond en avant.

LE SOUTIEN DE L'ARCHÉTYPE DIVIN

Aton: ce dieu de l'Égypte antique renforce votre volonté. Chaque succès et évolution commence par le courage d'essayer.

L'ALLIÉ ET SON CONSEIL

La sphinge: cette créature de la mythologie grecque vous conseille d'utiliser votre magnétisme personnel et votre force mystique.

LES MOTS-CLÉS DE LA NUMÉROLOGIE

Le nombre 86: évolution en dent de scie, personne influente.

PAS FAVORABLE

87

LE MESSAGE DE MES GUIDES

Dans la vie, tu ne peux pas revenir en arrière. Alors tourne-toi vers l'avenir, car tout y est possible.

LA SAGESSE DE L'ANIMAL

La fouine: je cherche sans relâche pour trouver ce que je veux.

LE SOUTIEN DE L'ARCHÉTYPE DIVIN

Niké: la déesse de la victoire dans la mythologie grecque vous apporte son soutien pour triompher de la prochaine épreuve à affronter.

L'ALLIÉ ET SON CONSEIL

Pégase: cette créature mystique vous conseille de ne pas oublier l'un des buts premiers de la vie, réaliser vos rêves.

LES MOTS-CLÉS DE LA NUMÉROLOGIE

Le nombre 87: professions liées à la spiritualité, karma.

PAS FAVORABLE

88

Le message de mes guides

Souvent, ce que tu reçois dépend
de ce que tu donnes.

La sagesse de l'animal

Le crocodile: dans mon intérêt, je reste vigilant
et prends ainsi les meilleures décisions.

Le soutien de l'archétype divin

Sobek: ce dieu égyptien à tête de crocodile
vous soutient dans la gestion de vos émotions.
Il vous rappelle que cela consiste à les accueillir
et comprendre le message qu'elles véhiculent.

L'allié et son conseil

Le griffon: lorsque des mots ou attitudes
d'autrui vous heurtent, il vous conseille d'étudier
la blessure qui a été réveillée et de comprendre
pourquoi afin de libérer votre douleur.

Les mots-clés de la numérologie

Le nombre 88: soutien, combativité, ange gardien.

FAVORABLE

89

Le message de mes guides

Avance pas à pas, tu pourras être surpris de la distance parcourue. En regardant en arrière, tu apercevras les obstacles que tu as été capable de surmonter.

La sagesse de l'animal

Le caméléon: s'adapter à son milieu ne veut pas dire s'oublier ou arborer des masques.

Le soutien de l'archétype divin

Iris: cette déesse du panthéon grec est une messagère qui vient en général pour apporter de bonnes nouvelles ou des réponses très attendues.

L'allié et son conseil

Le leprechaun: cette petite créature humanoïde du folklore irlandais vous conseille de veiller sur vos finances et de bien peser le pour et le contre quand il est question de dépenses importantes.

Les mots-clés de la numérologie

Le nombre 89: entreprendre avec succès, résultat tardif mais satisfaisant.

FAVORABLE

90

Le message de mes guides

N'attends pas que les choses se produisent, car c'est une forme de passivité. Provoque le destin et sois le créateur de ta chance.

La sagesse de l'animal

Le singe: j'éveille et je cultive ma curiosité. Lorsque j'apprends et je comprends, alors je peux prévoir.

Le soutien de l'archétype divin

Hanumān: cette divinité de l'hindouisme soutient la confiance en soi et aide à lutter contre l'autodévalorisation.

L'allié et son conseil

Le simiot: cette créature mythique pyrénéenne et catalane à l'apparence d'un singe vous conseille d'affronter les situations inconfortables et ce qui vous incommode, même quand c'est plus facile de fuir.

Les mots-clés de la numérologie

Le nombre 90: focalisation, mental, anticonformisme.

PAS FAVORABLE

91

Le message de mes guides

Sur le chemin du pardon, tu verras que les expériences que tu qualifiais d'échecs ne sont finalement que des enseignements. Alors, remercie pour ce que tu as appris.

La sagesse de l'animal

Le requin: je laisse les remords et les regrets de côté pour avancer.

Le soutien de l'archétype divin

Râhu: le dieu de l'éclipse dans l'hindouisme vient vous rappeler que la dualité est dans tout. Il vous aide à accepter que des choses opposées ne peuvent exister qu'ensemble.

L'allié et son conseil

Timingila: ce poisson gigantesque de la mythologie hindoue vous conseille de ne pas vous laisser impressionner ou intimider par qui que ce soit.

Les mots-clés de la numérologie

Le nombre 91: complexité, individualité, rêves.

PEU FAVORABLE

92

LE MESSAGE DE MES GUIDES

Sache qu'il y a toujours un chemin vers un accord pacifique. Il faut avoir la patience de le trouver.

LA SAGESSE DE L'ANIMAL

Le serval: je me sers de mon corps comme d'une antenne et d'un radar en me fiant aux sensations que je perçois pour recevoir des messages et des informations.

LE SOUTIEN DE L'ARCHÉTYPE DIVIN

Cybèle: la divinité d'origine phrygienne vous apporte son aide pour lever les mystères et faire en sorte que les vérités absolues soient révélées.

L'ALLIÉ ET SON CONSEIL

Les pillywiggins: ces lutins du folklore irlandais vous conseillent de garder le silence lorsque vous n'avez pas encore trouvé les bons mots.

LES MOTS-CLÉS DE LA NUMÉROLOGIE

Le nombre 92: vérité absolue, fiabilité, information fiable.

PEU FAVORABLE

93

LE MESSAGE DE MES GUIDES

Chaque événement permet de mettre en lumière des choses et de dévoiler une nouvelle facette de l'âme.

LA SAGESSE DE L'ANIMAL

Le moustique: quand je sais ce que je veux, je persiste et persévère jusqu'à l'obtenir.

LE SOUTIEN DE L'ARCHÉTYPE DIVIN

Tanit: cette déesse punique apporte soutien et protection dans les liens d'amour. Elle vous pousse à vous souvenir que l'amour nécessite des efforts et du temps.

L'ALLIÉ ET SON CONSEIL

Le jötunn: cette créature de la mythologie nordique vous conseille de revoir vos plans quand vous ne constatez pas l'évolution ou la progression que vous souhaitez.

LES MOTS-CLÉS DE LA NUMÉROLOGIE

Le nombre 93: talent oratoire, succès par la communication.

94

LE MESSAGE DE MES GUIDES

La bonté est une force puissante et il se peut qu'elle renvoie ceux qu'elle dérange à leurs faiblesses.

LA SAGESSE DE L'ANIMAL

Le koala: pour trouver la tranquillité et le calme intérieur, je me connecte à la Terre.

LE SOUTIEN DE L'ARCHÉTYPE DIVIN

Idun: la déesse de la mythologie nordique qui soutient les actes de bonté vous encouragera à ne pas regretter ce qui a été fait avec le cœur même si l'autre n'en a pas fait cas.

L'ALLIÉ ET SON CONSEIL

Le kelpie: cette créature métamorphe du folklore écossais vous conseille d'user parfois d'humour pour relativiser, débloquer une situation, négocier ou aborder les choses différemment.

LES MOTS-CLÉS DE LA NUMÉROLOGIE

Le nombre 94: sens pratique, sécurité matérielle, habileté.

FAVORABLE

95

LE MESSAGE DE MES GUIDES

La force morale avec laquelle l'être humain tend au bien est toujours récompensée.

LA SAGESSE DE L'ANIMAL

Le vautour: je provoque un changement intérieur profond.

LE SOUTIEN DE L'ARCHÉTYPE DIVIN

Rhéa: la déesse de la mythologie grecque vous incite à prendre les risques nécessaires quand il le faut. Le jeu en vaut souvent la chandelle.

L'ALLIÉ ET SON CONSEIL

Les limnades: ces naïades de la mythologie grecque vous conseillent d'observer les attitudes et les actes plutôt que les paroles pour lire dans les âmes des gens.

LES MOTS-CLÉS DE LA NUMÉROLOGIE

Le nombre 95: nouveauté, voyage, aventure.

FAVORABLE

96

LE MESSAGE DE MES GUIDES

Apprends à avoir confiance en tes capacités et à te renouveler afin de devenir une personne meilleure.

LA SAGESSE DE L'ANIMAL

L'étoile de mer: mon corps est un pentacle; je suis ma propre protection.

LE SOUTIEN DE L'ARCHÉTYPE DIVIN

Njörd: cette divinité nordique vous apporte son soutien pour faire émerger les réponses qui sont en vous et dont vous avez besoin lorsque vous êtes à un carrefour de votre vie.

L'ALLIÉ ET SON CONSEIL

Hræsvelg: ce géant à la forme d'un aigle issu de la mythologie nordique vous rappelle que l'attention que vous portez à quelqu'un et le temps que vous lui donnez sont sûrement les plus beaux cadeaux.

LES MOTS-CLÉS DE LA NUMÉROLOGIE

Le nombre 96: gestion des émotions, choix affectif.

PAS FAVORABLE

97

LE MESSAGE DE MES GUIDES

Prends le temps de te rendre compte que les choses extraordinaires peuvent aussi être toutes simples.

LA SAGESSE DE L'ANIMAL

La buse: mon œil est aiguisé et mon esprit est vif. Je sais quand je dois rester en alerte et si je sens que quelque chose ne va pas, mon ressenti est juste.

LE SOUTIEN DE L'ARCHÉTYPE DIVIN

Circé: la déesse grecque vient apporter des visions et expériences nouvelles, elle invite au voyage physique et spirituel.

L'ALLIÉ ET SON CONSEIL

Le caladrius: cet oiseau légendaire et fabuleux du Moyen Âge vous rappelle que les rêves ne se brisent pas, ils se transforment ou prennent du retard. Soyez patient!

LES MOTS-CLÉS DE LA NUMÉROLOGIE

Le nombre 97: introspection, solitude, réflexion.

PAS FAVORABLE

98

LE MESSAGE DE MES GUIDES

Si tu les juges sincères, ne repousse pas les gens qui viendront t'aider.

LA SAGESSE DE L'ANIMAL

Le caracal: je garde ma vie personnelle aussi privée que possible. Je choisis avec soin avec qui je partage toute forme d'intimité.

LE SOUTIEN DE L'ARCHÉTYPE DIVIN

Skadi: la déesse nordique vous soutient dans vos explorations spirituelles, émotionnelles et physiques et fait de chaque départ vers une terre inconnue un moment enrichissant.

L'ALLIÉ ET SON CONSEIL

L'addanc: cette créature monstrueuse des mythes gallois vous conseille et vous avertit de faire attention à ceux à qui vous révélez vos plans.

LES MOTS-CLÉS DE LA NUMÉROLOGIE

Le nombre 98: finesse, aisance, subtilité.

PEU FAVORABLE

99

LE MESSAGE DE MES GUIDES

Prendre son temps c'est bien, mais réagir vite permet aussi de ne pas laisser passer certaines opportunités.

LA SAGESSE DE L'ANIMAL

Le varan: ferme et fort, je sais faire preuve de sagesse et de rapidité pour prendre des décisions.

LE SOUTIEN DE L'ARCHÉTYPE DIVIN

Seshat: la déesse de l'Égypte antique vous apporte son soutien dans tous vos travaux liés aux écrits. L'écriture est une forme d'apprentissage, car elle génère des idées et permet l'observation des émotions.

L'ALLIÉ ET SON CONSEIL

Gullfaxi: le cheval à la crinière d'or le plus rapide de la mythologie nordique vous conseille d'utiliser votre intuition pour agir et de saisir les occasions dès qu'elles se présentent.

LES MOTS-CLÉS DE LA NUMÉROLOGIE

Le nombre 99: charisme, reconnaissance, notoriété.

100

Le message de mes guides

Se donner le choix c'est bien, mais souvent ne pas se laisser le choix permet de faire des bonds quantiques.

La sagesse de l'animal

Le blaireau: je fais remonter à la surface ce que mon inconscient abrite pour guérir, évoluer et avancer.

Le soutien de l'archétype divin

Snotra: la déesse de la mythologie nordique soutient le contrôle de soi dans le but de développer sagesse et connaissance, mais aussi de se protéger de l'emprise des émotions non contrôlées.

L'allié et son conseil

La nixe: cette nymphe des eaux dans la mythologie nordique vous conseille de ne pas vous imposer la présence des gens dont vous ne souhaitez pas la compagnie pour le moment.

Les mots-clés de la numérologie

Le nombre 100: potentiel infini, étape importante, révélation.

FAVORABLE

101

Le message de mes guides

Même si elles s'avèrent difficiles, les expériences importantes rendront ta vie meilleure si tu le décides.

La sagesse de l'animal

La girafe: je suis une force tranquille. Je prends conscience de la grandeur de mes potentiels.

Le soutien de l'archétype divin

Nout: la déesse égyptienne vous apporte une énergie bienveillante et douce. Elle soutient le pardon, car c'est un moyen de se libérer.

L'allié et son conseil

Le golem: cette créature de la mythologie hébraïque vous conseille de faire de votre mieux pour transformer le mal et la douleur en promesses de vie et de joie.

Les mots-clés de la numérologie

Le nombre 101: désir du cœur, influence, ange gardien.

FAVORABLE

ANNEXES

MA PIERRE *du moment*

Placez votre pendule au-dessus de la page et donnez-lui une légère impulsion. Laissez-le guider votre main et observez au-dessus de quelle pierre son oscillation se stabilise. Vous pouvez aussi utiliser cette page pour connaître la pierre la plus propice à un travail précis dans tel ou tel domaine.

Améthyste: élévation spirituelle, méditation, clairvoyance, sagesse.

Œil-de-tigre: force, courage, motivation, protection.

Quartz rose: amour, douceur, apaisement, guérison émotionnelle.

Labradorite: protection, harmonisation, équilibre énergétique.

Cristal de roche: amplification et purification des énergies, protection de l'aura, augmentation du taux vibratoire.

Tourmaline: ancrage, protection énergétique, pollution électromagnétique.

Améthyste

Quartz rose

Œil-de-tigre

Cristal de roche

Labradorite

Tourmaline

Planche des CHAKRAS

Procédez de la même façon que pour la page de lithothérapie (page précédente) pour trouver votre couleur du moment et l'énergie du chakra correspondant.

Vous pouvez aussi poser une question pour savoir avec quelle énergie, chakra, corps subtil ou pierre vous pouvez travailler, débloquer, harmoniser ou ce sur quoi agir...

Corps énergétique	Chakras	Couleurs	Minéraux	Mots-clés
Corps physique	Chakra racine	Rouge et noir	Tourmaline noire, obsidienne, jaspe rouge, onyx, bois fossilisé et autres pierres d'ancrage	Ancrage, stabilité, instinct de survie, incarnation
Corps éthérique	Chakra sacré	Orange et rouge orangé	Cornaline, calcite orange, pierre de lune, jaspe rouge, grenat	Pulsions, plaisir, intimité, sexualité, énergie vitale
Corps astral	Chakra du plexus solaire	Jaune et jaune-orange	Ambre, pierre de soleil, calcite jaune, citrine, héliodore, œil-de-tigre	Confiance en soi, rapport à soi et aux autres, sensibilité, désirs, capacité à rayonner
Corps mental	Chakra du cœur	Rose et Vert	Quartz rose, émeraude, aventurine verte, unakite, rhodochrosite, fluorite, péridot, kunzite, opale, labradorite	Pensée, intellect, imagination, capacité à aimer, expression de l'amour
Corps causal	Chakra de la gorge	Bleu et bleu clair	Turquoise, aigue-marine, larimar, cyanite, chrysocolle, apatite mais la sodalite et le lapis-lazuli conviennent aussi	Expression, communication, écoute, mémoires
Corps bouddhique	Chakra du 3e œil	Bleu profond, indigo et violet	Lapis-lazuli, saphir, azurite, cristal de roche, améthyste, lépidolite, célestine, charoïte	Intuition, clairvoyance, élévation spirituelle, connexion aux plans supérieurs
Corps atmique	Chakra couronne	Violet, blanc, doré, argenté	Améthyste, cristal de roche, sélénite, scolécite, lépidolite	Dimension divine, conscience universelle, moi profond, âme

Planche de RADIESTHÉSIE

Positionnez votre pendule au centre de la planche et formulez votre question. Donnez une légère impulsion à votre pendule puis observez quelle réponse celui-ci pointe.

Échelle de BOVIS

Avec ce cadran, vous pourrez à la fois mesurer votre taux vibratoire global et analyser plus en détail chaque plan à travers trois paliers différents: physique, énergétique et spirituel. Plus un taux est élevé, plus il confirme la bonne condition et la santé, que ce soit l'état du plan physique, énergétique ou spirituel. Il suffit de vous placer face au biomètre de Bovis et de mettre votre pendule sur le demi-cercle blanc central tout en bas. Demandez intérieurement ou à voix haute: « Je désire connaître mon taux vibratoire actuel. » Donne une légère impulsion à votre pendule pour qu'il commence à osciller puis attendez qu'il se stabilise sur une ligne de façon précise.

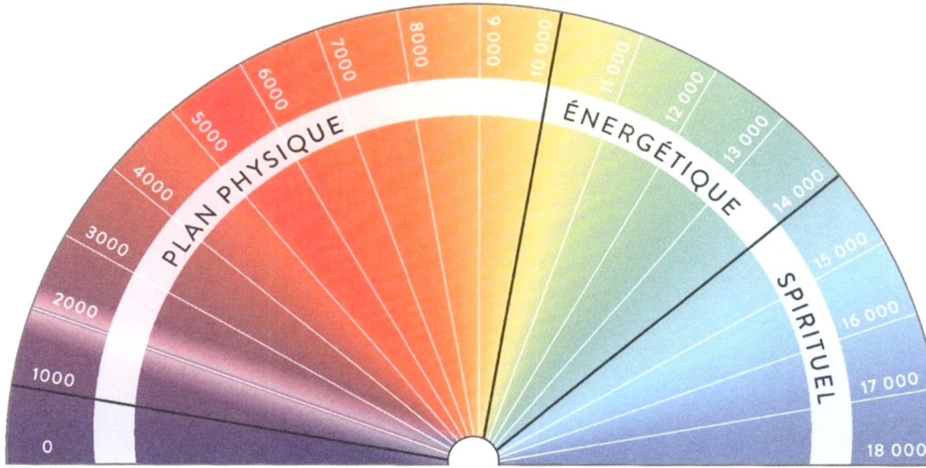
PLAN PHYSIQUE
ÉNERGÉTIQUE
SPIRITUEL
0
1000
2000
3000
4000
5000
6000
7000
8000
9 000
10 000
11 000
12 000
13 000
14 000
15 000
16 000
17 000
18 000

L'AUTRICE

À l'écoute de ses perceptions depuis son enfance, **Noémie Myara** a rapidement développé un goût pour l'inexplicable. Passionnée par la nature, le monde animal et les plantes, elle pratique plusieurs formes de magie, allant des arts divinatoires à la manipulation d'outils magiques, en passant par l'alchimie et l'herboristerie.

Publiés chez le même éditeur:

- *Autels et pentacles de sorcières*, 2021.
- *Traité des usages & savoirs de sorcière*, ouvrage collectif, 2021.
- *L'Agenda des usages et savoirs de sorcière 2023*, ouvrage collectif, 2022.
- *Le Guide des runes*, 2022.
- *Décrypter les auras*, 2023.

Retrouvez Noémie sur Instagram **@Myeimeon**
et son site **www.etsy.com/fr/shop/MyEimeon.**

Photos: Shutterstock

Direction: Guillaume Pô
Direction éditoriale: Élisabeth Pegeon
Édition: Vanessa Martel
Préparation de copie: Annabelle Biau-Weber
Relecture: Stéphanie Girardot
Direction artistique: Julie Mathieu
Conception graphique et mise en page: Jennifer Faisant
Direction de fabrication: Thierry Dubus
Fabrication: Marie Guibert

Achevé d'imprimer en août 2023 par Dimograf (Pologne).

FSC www.fsc.org MIXTE Papier | Pour une gestion forestière responsable FSC® C018236

Imprimé en Pologne sur du papier certifié FSC® (issu de forêts gérées de façon responsable), sur les presses de Dimograf, un imprimeur labellisé pour ses pratiques respectueuses de l'environnement.